LETTRE

A M. LE MARQUIS DE CARABAS

SUR LES PARTIS

181.—PARIS. — IMPRIMERIE POUPART-DAVYL ET Ce,
RUE DU BAC, 30.

LETTRE

A M. LE MARQUIS DE CARABAS

SUR

LES PARTIS

PAR

ÉDOUARD CADOL

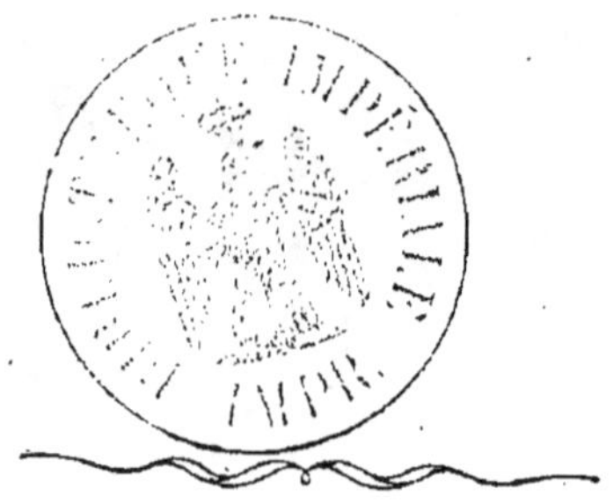

PARIS

LIBRAIRIE POULET-MALASSIS

97, RUE RICHELIEU, 97

—

1862

LETTRE

A M. LE MARQUIS DE CARABAS

SUR LES PARTIS

« Chapeau bas!... »

Monsieur le Marquis,

Je reçois à l'instant votre honorée confidentielle. Que daignez-vous m'apprendre, ô mon Dieu ! Vous êtes ruiné, ruiné de fond en comble...

Du moins montrez-vous philosophe, et veuillez tout d'abord réfléchir à ceci : que l'absence de richesses décharge la pensée de nombreux tracas. Cette vérité vous sera, je l'espère, de quelque secours en d'aussi pénibles circonstances.

J'admire, s'il vous plaît, la bienveillance que vous faites paraître à mon égard. C'est à votre indigne serviteur que vous demandez conseil sur les moyens de sortir de ce mauvais pas !...

Un de vos aïeux, monsieur le Marquis, a déjà grandement honoré l'un des miens, — si vous souffrez que j'appelle ainsi le vilain qui fut mon grand-père, — en lui confiant la mission de battre la mare aux grenouilles durant son auguste sommeil. Vous le dépassez en bonté. La marque de confiance que vous daignez m'accorder, en ce jour, restera comme une tradition dans ma famille.

Mais il n'y a pas plus à discourir qu'à s'illusionner. Le péril est en la demeure.

Feu monsieur votre cadet, qui serait certainement devenu évêque s'il n'eût éprouvé le contre-temps de mourir de consomption dans les bras d'une danseuse soudoyée par les Jacobins, a dévoré, dites-vous, plus du tiers de votre patrimoine. Feu monsieur le Marquis, votre illustre père, crut pouvoir réparer ce désastre en jouant à la Bourse. La fuite d'un agent de change et les erreurs d'un financier ont notablement dérangé ses nobles calculs. Si bien que, sa dernière heure à peine sonnée, vous avez vu fondre sur votre féodal domaine une nuée d'huissiers, vendant de ci, saisissant de là, sans respect pour votre origine et au nom de lois que votre famille avait eu soin pourtant de déclarer, — et cela à plusieurs reprises ! — considérer comme nulles et non avenues. Sans tenir compte du grand honneur que les Carabas ont fait à divers manants, en traitant avec eux de leurs marchandises et de leur argent, ces huissiers ont fait arbitrairement main basse sur vos propriétés.

J'en enrage, quand j'y pense ! Mais, hélas ! il n'en résulte rien de bon, et j'aurai beau répéter que ce sont là les déplorables suites de la rébellion de 89, vous n'en aurez pas un sou de plus dans vos caisses, si tant est que ces impertinents aient laissé ses caisses à votre seigneurie.

Au résumé, monsieur le Marquis, que vous reste-t-il donc ?

J'aurais dit rien, si vous n'aviez eu la prévoyance de me rappeler que votre plus bel et solide avoir est votre nom, lequel reste à l'abri des huissiers et de leurs commettants.

Mais aussi quel nom ! Qui pourrait mettre en oubli la souche dont vous êtes, et ceux de vos ancêtres qui, après avoir pillé, comme de raison, les pays qu'ils traversèrent, s'en furent, pour la plus grande gloire du ciel, mourir en Palestine, de la peste, de la gale et de la rogne. Ce sont prouesses fameuses et mémorables qui vous font à n'en pas douter la plus belle jambe du monde.

Mais vous souhaitez que ce nom vous soit aujourd'hui un élément de fortune. Vous pensez, grâce à lui, faire apprécier le haut mérite qui en résulte pour vous. Ce nom sonore illustre et vénéré vous paraît capable de faire pleuvoir sur vous les honneurs, les pensions, les plus grandes fonctions et les plus agréables priviléges.

Rien de plus légitime sans doute. Toutefois, monsieur le Marquis, j'oserai, avec l'humilité qui convient à ma bassesse, soumettre diverses considérations à votre supérieur jugement.

*
* *

Depuis 1816, monsieur le Marquis, il a passé beaucoup d'eau sous le pont. Il s'est accompli des bouleversements tels que votre mérite, si éclatant d'ailleurs, a besoin, pour être reconnu, de l'ombre du drapeau blanc. Ah! si, par chance et grâce d'en haut, il flottait demain sur les monuments publics, votre affaire serait claire. Mais je l'y cherche vainement, et tout me dit que, faute de ce détail, vous vous briseriez, en ce moment, contre les plus désolants partis-pris.

Dans l'armée même, — votre élément! — on vous laisserait vilainement dans les bas grades, sous prétexte que vous ignorez l'orthographe. Comme si l'orthographe était l'affaire d'un homme de votre qualité!...

Celui qui vous dirait une telle insolence, je le sais, ne vous la dirait pas deux fois, et j'aurais grande joie à vous voir lui donner de votre épée au travers du ventre. Cependant cela ne serait peut-être pas compris. Loin d'avancer vos affaires, il se pourrait même que vous fussiez inquiété pour ce mouvement de belle indignation.

Jugez par cela seulement, monsieur le Marquis, de l'anarchie où nous sommes. Je le sais encore ; revienne la Restauration, et l'on remettra vite les choses en leur place. Nonobstant, j'ai la désolation de constater que les choses sont ainsi maintenant, et que le drapeau blanc est absolument indispensable pour qu'il vous soit rendu justice.

Vous en aviez sans doute quelque pressentiment lorsque vous m'écriviez :

« Entre nous, je m'impatiente un peu de ne pas voir revenir les Bourbons. A quoi, morbleu ! s'occupent donc les chefs du parti légitimiste ?... »

Si vous le permettez, monsieur le Marquis, j'en conviendrai après vous : les Bourbons tardent bien. Mais il ne faut pas leur en vouloir. Peut-être n'y a-t-il pas de leur faute.

Je crois intimement que quelque obstacle mystérieux entrave leur immédiat retour. Qui sait si le ciel n'a pas résolu de nous tenir encore dans cette privation, en punition des fautes que le peuple a commises ? Sans cela, comment expliquer ce retardement ?

Tous les fidèles ne sont-ils pas sur la brèche ?

Je vois d'une part les faubourgs Saint-Germain, de Paris et des provinces, ne pas se relâcher de la fertile bouderie, où ils sont entrés dès le lendemain de 1830. Se sont-ils mêlés au mouvement soi-disant ascensionnel du pays ? Ont-ils, en façon quelconque, pris part au développement moral, scientifique, agricole, industriel et artistique qui s'est effectué par un miracle dérisoire ? Nullement. Ils sont restés sagement étrangers aux guerres, aux gloires et à la prospérité de la France.

Aussi, ma foi ! la France s'est-elle arrangée comme elle a pu, et c'est bien fait. Du diable ! si ce qu'elle est devenue peut le moindrement leur être imputé.

On peut dire qu'en cela la conduite du parti légitimiste a été magnifique d'ensemble. Personne n'a bronché, sauf pour protester, et déclarer, au nom de tous, que ce qui arrive, n'arrivant qu'en dehors du bon plaisir des rois légitimes, par le fait, n'est pas arrivé.

Il faut admirer cette logique de déduction que les hommes nés possèdent de naissance. Quelle force le parti y a gagnée, et combien son intelligente bouderie lui donne de droits à la direction de la chose publique !

D'autre part, nos prélats, — j'entends ceux que vous savez bien, — n'ont pas un seul instant cessé de combattre pour notre cause. Le bas clergé sait maintenant sur quoi compter de leur part. Les lettres qu'ils ont publiées et les réponses qu'ils ont *obtenues* des ministres eux-mêmes, n'ont pas peu contribué à l'éclairer.

Un vain peuple les croyait attachés à ses intérêts; il pensait follement que ces personnes étaient gens à se conformer à ce recueil de lois édifié, sur je ne sais quels principes, par celui que N. R. Père Loriquet appelle « le généralissime des armées de S. M. Louis XVIII. » Ils ont démontré, assez clairement, j'imagine, que pour eux la France n'existe pas sans les rois du droit divin.

De leur côté, les congrégations ont fait preuve d'une habileté à laquelle on n'était point accoutumé. On leur reprochait une puissance occulte redoutable; on disait leur influence secrète si terrible que rien ne pouvait y résister, à ce point que les gouvernements les plus fortement appuyés sur l'esprit public se voyaient contraints de plier devant elle. Enfin, la malveillance était si grande, que les plus braves, en attaquant les confréries, ne pouvaient se défendre d'une intime appréhension.

C'était pure calomnie. On a bien vu, en ces derniers temps, avec quelle adresse les congrégations se sont lavées de ces différents reproches.

Eh bien, voilà ce qui surprend : comment, avec de tels auxiliaires, la légitimité ne règne-t-elle pas?

Il faut qu'il y ait quelque chose là-dessous, monsieur le Marquis, quelque chose de mystérieux, cela est certain.

Le retour des Bourbons n'en reste pas moins assuré; toutefois ils tardent beaucoup, et vous n'avez guère les moyens de les attendre plus longtemps.

⁂

Avec la justesse de jugement qui est, comme chacun sait, inhérente à votre naissance, vous appréciez cette situation combinée. Poussant ensuite la bonté jusqu'au delà du possible, vous daignez m'interroger encore sur les chances que peut offrir la combinaison admirable des *Fusionnistes*.

« ... Mon Dieu ! dites-vous, les d'Orléans, à la rigueur !... »

Sans doute, à la grande rigueur ! Ce sont encore des Bourbons, et, jusques à un certain point, on peut passer par dessus les reproches qu'ils ont encourus; pourvu, bien entendu, qu'on y ait quelque chose à gagner.

Car je ne l'oublie pas, monsieur le Marquis, c'est là le principal objet que, dans l'extrémité où vous êtes, il convient précisément et avant tout de ne pas perdre de vue.

Tolérez donc, de grâce, que je parle net. A mon sens, je ne crois pas que la Fusion vous soit une planche de salut. Je m'enhardis à aller plus loin, et dis que, si vous hésitez entre les légitimistes et les orléanistes, c'est bien de la peine que vous vous donnez sans profit. Les uns pas plus que les autres ne sont en mesure, pour le moment, de vous tirer d'affaire. C'est fort regrettable, il est vrai, mais qu'y faire? Si les d'Orléans semblent être moins en retard que leurs aînés, c'est tout bonnement qu'ils ont dix-huit ans de bon. Leur retour n'en est pas plus proche pour cela.

En l'état actuel des choses, que peuvent-ils vous offrir en échange de l'utile autorité de votre grand nom?

Songez que, sauf à l'Académie française, le parti orléaniste est absolument sans influence. Je le vois réduit à lui-même : les débats lui font défaut, le temps ne se prononce que faiblement en sa faveur, et il a perdu bien du terrain dans les deux mondes par la suppression de l'assemblée nationale. Encore, à l'Académie, se voit-il contraint de s'appuyer, dans certains cas, sur ce qu'on nomme, — pardonnez-moi ce vilain mot, — les démocrates.

Tant qu'il n'est question que de la confection du fameux dictionnaire, la puissance des orléanistes ne souffre aucune rivalité. Chaque mot leur passe par les mains. Ils le retournent autant qu'ils veulent, se consultent, et pourtant parviennent à s'entendre pour le définir à la satisfaction générale.

Sans aucun doute, il n'est rien qui caractérise mieux leur influence : ils tiennent la langue du pays et la gouvernent officiellement. Mais je doute qu'ils disposent aussi aisément de l'oreille des gouvernants. C'est tout juste, monsieur le Marquis, si, en se mettant en quatre, ils parviendraient à vous obtenir un bureau de tabac.

L'envie de fusionner, je le vois bien, vous est venue en vous rappelant le récent triomphe des orléanistes de l'Académie, à propos du prix de vingt mille francs.

Il manque à cette victoire mémorable un historien qui en fasse ressortir toute la portée. J'essaierai d'y suppléer pour vous.

Il s'agissait de décerner un prix hors ligne à l'écrivain dont les œuvres honorent le plus l'esprit humain.

— Il n'y a pas de mal à cela, pensèrent les académiciens, qui dorment indifféremment à toutes les séances.

Les quelques légitimistes, qui font à ce corps savant l'honneur de siéger *dans son sein*, n'y virent non plus aucun inconvénient.

La chose leur parut bien pourtant un tant soit peu bizarre. En effet, la tradition légitimiste n'admet de récompense qu'en faveur des poëtes qui louent la royauté. En des vers agréables, tous de même longueur, traiter de grand, de sublime, d'invincible, de puissant, de magnanime monarque, un roi, fût-il malingre, quinteux, injuste, ladre, poltron, idiot et libertin, voilà qui se comprend, voilà qui est bon et va de soi, pourvu qu'il s'agisse d'un roi légitime. Mais récompenser quelqu'un qui n'a d'autre mérite que d'honorer l'esprit humain !...

Entre nous, monsieur le Marquis, il y a de quoi rire. « Honorer l'esprit humain ! » La belle affaire, et que voilà bien les idées des gouvernements établis d'après le *droit nouveau*. Quant à voir là-dedans la raison d'une récompense, avouons-le : n'est-ce pas le comble du bouffon ?

Mais que voulez-vous ! le retardement apporté au retour de nos maîtres permet à ce temps-ci de nous en faire voir de toutes les couleurs.

Toutefois, les orléanistes ne devaient pas considérer l'innovation de la même manière que leurs collègues. La puissance qu'ils possèdent dans les questions de dictionnaire est certainement très-agréable, très-flatteuse pour leur vanité, et doit satisfaire à un haut degré l'esprit de parti qui les anime. Cependant, il ne leur sembla pas mauvais d'étendre quelque peu le domaine de leur influence. L'occasion était belle, il faut en convenir.

Les risques étaient minces aussi ! Si ces messieurs ne parvenaient pas à empêcher l'exécution du projet du gouvernement, ils pensaient arriver du moins à en dénaturer l'esprit.

Se réunir, former un bataillon carré, fut pour ces champions aussi hardis qu'intelligents l'affaire la plus facile du monde. Leurs rangs ne sont pas si épais qu'il faille longtemps pour rassembler le ban et l'arrière-ban.

Le premier résultat obtenu, le chef du parti prit la parole, sans la demander, et s'exprima à peu près en ces termes :

— Messieurs, ne nous y trompons pas, l'occasion d'accomplir

une action d'éclat, en tous points profitable à notre cause, est arrivée.

L'orateur se livra ici à une dissertation fort savante sur ce qu'on nomme l'occasion. Il démontra admirablement que depuis les temps les plus reculés, qui sont comme de raison les temps de la pure lumière, les hommes en général et les partisans en particulier ont attaché une grande importance à l'occasion. Il rappela que cette idée abstraite avait été personnifiée jadis en une divinité de seconde catégorie, qui ne possédait que trois cheveux.

Quelqu'un fit remarquer le rapport qui se trouve ainsi exister entre l'Occasion et Cadet-Roussel. Mais on n'y prit point garde, et l'orateur, reprenant la parole, fit sentir que les trois cheveux de l'Occasion indiquent clairement qu'elle est difficile à saisir. Puis, rentrant sans plus attendre au cœur de la question, il ajouta :

— Le gouvernement vient d'avoir une idée. Par hasard, elle est bonne. Il ne faut donc pas permettre qu'elle aboutisse.

La logique de cette proposition donna naissance à une émotion qui parcourut l'auditoire. Sans y attacher plus d'importance qu'il ne convenait, l'orateur poursuivit en se hissant sur la pointe des pieds :

— Pour atteindre à ce but, dit-il, il est important, que dis-je! indispensable de concerter nos forces, afin d'agir avec un ensemble parfait. Ceci est élémentaire en politique. Une direction unique doit être admise. Et je ne pense pas, ajouta-t-il, avec quelque orgueil, que quelqu'un parmi vous ait la folie de me disputer cette direction.

Une sorte de murmure se manifesta à ce moment. L'orateur pâlit et renversant la tête en arrière, tout en se hissant derechef sur ses extrémités inférieures, il laissa errer sur son visage un sourire, à la fois pâle et superbe, qui prouvait surabondamment que les murmures n'atteignaient pas jusqu'à la hauteur de sa bonne opinion de lui-même.

Sur quoi, chacun rentra dans une attitude respectueuse.

— Prenez garde ! reprit-il avec un ton menaçant, prenez garde que je ne rappelle mes services. La nomenclature en est longue... Ah ! fit-il, coupant court à une interruption qu'il voyait poindre, je sais bien ce que vous allez me dire encore. Vous m'allez rabâcher la révolution de Février !... Si c'est un reproche, franchement, vous n'êtes point généreux. Ne dirait-on pas qu'elle m'a fait plaisir. En tous cas, je ne vois pas que cet événement diminue en rien ma supériorité politique. Et d'ailleurs, n'a-t-il pas été convenu une fois pour toutes, entre nous, qu'il fallait l'attribuer à l'aveugle fatalité ? Vous n'êtes pas sans savoir aussi que tous les grands [génies ont leurs heures de lassitude. Ce sera, si vous y tenez absolument, mon Waterloo. Quant à mon habileté, laissons-la subsister intacte : nécessité fait loi ! Je pense, du reste, avoir amplement réparé ce contre-temps. Qui a reformé le parti ? qui le dirige ? qui ajoute chaque jour à sa force, par une opposition intelligente et de plus en plus décisive ? Moi ! Eh bien, remettons à d'autres temps les taquineries inhérentes à notre système particulier de gouvernement, et quant à Février, laissons cela de côté, mes bons amis. Ah ! si c'était à refaire !... Vous me verriez profiter des leçons que nous avons reçues et lâcher la réforme. Quitte, bien entendu, à la brider le lendemain, pour arriver la semaine d'après à la réglementer si bien qu'il n'en resterait que le nom.

Il retentit, à la fin de cette période, quelques applaudissements qui atteignirent sans difficulté jusqu'à la hauteur de la vanité du préopinant.

— Pour le moment, dit-il ensuite en se donnant un air grave, il sagit d'empêcher habilement le gouvernement d'exécuter un dessein, dont la réalisation ferait un excellent effet sur les masses. Je soupçonne l'empereur d'avoir voulu rendre un hommage discret à George Sand, en chargeant l'Académie de décerner le prix en question. Cet homme a, je le crains, plus d'adresse que nous. Avec une finesse qui — disons-le bien bas ! — n'est pas précisément le propre des têtes couronnées, il apprécie les vœux secrets de l'opinion, et, s'attachant à y satisfaire dans ce qu'ils ont d'honnête et de modéré, il paraît marcher de concert avec le pays. Comme si le pays avait d'autres vœux que le retour de la monarchie de Juillet. En eût-il d'autres d'ailleurs, je n'ai pas besoin de vous recommander de n'en jamais convenir ! Ce doit être un de nos immuables principes. Quoi qu'il en soit au fond, la situation se fait nette à vos yeux ; notre conduite est indiquée. Je vous ai montré les roues, reste à y mettre les bâtons. L'opinion nous fera bien la grâce d'attendre que nous soyons revenus aux affaires pour rendre justice à George Sand. Je le répète, la mesure est excellente en elle-même, il est donc d'une bonne politique de nous la réserver pour nos débuts. Au milieu des destitutions que je me propose d'opérer, à ce fortuné moment, ajouta-t-il, cela fera, je pense, le meilleur effet qu'on puisse imaginer.

— Mais, s'écria quelqu'un avec une particulière vivacité, vous allez discréditer l'Académie.

L'orateur manifesta une profonde surprise.

— Que voilà bien, dit-il avec un imperceptible haussement d'épaules, que voilà bien une idée de secrétaire perpétuel, par exemple ! Discréditer l'Académie !... Est-ce que c'est possible !

— Toutefois, dit un autre immortel, nous ne disposons pas de la majorité de la docte assemblée, et...

— Pardonnez si je vous arrête, interrompit l'orateur. C'est qu'ici justement arrive la communication du plan que j'ai formé pour nous assurer cette majorité. Pendant que le gouvernement propose indirectement l'auteur de *Lélia* et du *Marquis du Villemer*, nos confrères, les démocrates, mettent en avant Jules Simon. Non que celui-ci puisse être comparé à George Sand, mais il a fait l'*Ouvrière*. Or, un tel titre suffit à ces démocrates-ci. Le livre ne fait rien à l'affaire ; mais le titre entre forcément dans le programme de leur démocratie académique. Ils savent bien que leur candidat ne l'emportera pas sur les autres quoi qu'il arrive. Leur but est de faire de l'opposition, avec ou sans opportunité, qu'importe ! Et il y aurait inconséquence de notre part à les blâmer à ce sujet. Mais croyez-vous qu'ils nous refusent leur appui, si je leur fournis les moyens de faire de l'opposition, non-seulement ici, mais encore au dehors ?...

— S'ils sont vraiment démocrates, dit un académicien naïf, ils refuseront.

— Tout est là ! dit un sceptique non moins académicien, sont-ils vraiment démocrates ?...

— Eh ! messieurs, fit l'orateur, ils sont démocrates comme on est ce qu'on est aujourd'hui, dans les partis éloignés des affaires : ceci ou cela, ceci et cela ... en attendant !

— Ils accepteront, dit un ex-député centre-droite. Je les connais nos démocrates ; j'en étais !...

— Parbleu ! répondit l'orateur, je ne l'ai point oublié. C'était quelque temps avant votre nomination à...

— Revenons à la question principale ! dit vivement l'interrupteur.

— Quoi ! lui dit tout bas son voisin en lui frappant amicalement sur l'épaule, n'allez-vous pas rougir maintenant ? Peuh ! mon cher ami : entre nous !...

— Je veux donc, reprit l'orateur, me rendre près de ces messieurs. « Abandonnez votre candidat, leur dirai-je, votez pour le nôtre, (ce qui sera faire de l'opposition tout de même), et nous vous livrons un évêque. »

— Un seul ?

— Un ou deux, je ne prétends pas lésiner là-dessus. Mais, par cette habile tactique, nous obtenons trois résultats importants. D'abord nous donnons un spécimen de notre puissance en faisant accorder le prix à un orléaniste. Puis le vote des démocrates de l'Académie ne peut-il pas servir à démontrer que la monarchie de Juillet marche de plus en plus d'accord avec les sentiments du peuple ? qui pour cette fois seulement cesse d'être la vile multitude Enfin, nous faisons tracasser quelques prélats dont le zèle se

refroidit. Qu'en pensez-vous? Si ce triple but est atteint, ma foi!
je crois bien que les affaires du parti seront diantrement avancées.

Des trépignements enthousiastes couvrirent la voix de l'orateur...

Ah! pourquoi, monsieur le Marquis, ne vous être pas décidé plus
tôt à fusionner! Une fois orléaniste, rien ne s'opposait à ce que vous
fussiez le lauréat.

Vous n'avez écrit aucun livre, c'est vrai; mais j'eusse été heureux
de vous mettre à même d'en produire un quand même.

J'ai sous la main un **ex**-condisciple de l'école des Frères qui vous
eût tiré d'embarras. C'est un homme de lettres à la façon de ce
temps-ci. Trop sage et trop nécessiteux pour se donner le luxe
d'une conviction, il plaide toutes les causes, n'ayant souci que du
prix qu'on y met. Le matin il court les cafés et les antichambres
ministérielles, ce qui lui fournit bon nombre de nouvelles. Il les
vend alors, une fois triées, aux publicistes, aux chroniqueurs et aux
correspondants de journaux étrangers. A ceux-ci les bruits des
cercles diplomatiques, à ceux-là les *on dit* officieux; aux autres les
bavardages scandaleux. Étrange métier sans doute. Mais il fau
vivre. En dehors, il fait ce qu'il peut : tantôt de la politique, parfois
de la littérature; le plus souvent... des dupes. Au demeurant, le
meilleur enfant de la terre, qui eût été ravi de partager vingt mille
francs avec votre seigneurie.

C'est une occasion manquée, monsieur le Marquis. Car en cette
circonstance seulement le parti orléaniste pouvait vous servir. Il
faut donc porter nos recherches autre part.

Je suis moins affligé de vous ôter ces illusions, quand je relis
avec une religieuse attention votre honorée missive. Le passage

ci-après surtout me prouve que vous vous attendiez à rencontrer quelques obstacles et adoucit mes intimes regrets.

« ..... Oubliez pour un moment, me commandez–vous, le ton de servilité que vous devez à l'illustre descendant des Carabas, et, sans plus de façon, répondez-moi, tout comme si l'un de vos pareils vous posait cette question : — Le parti républicain a-t-il quelque chose dans le ventre? »

Il fallait une telle injonction, monsieur le Marquis, pour que je prisse la licence de tirer vers la fin que je me propose en cette épître, à nulle autre comparable pour la franchise. Je vois aussi, par les termes de votre question, que, fussiez-vous un simple particulier, vous avez droit à tous les efforts que j'ai à cœur de prodiguer pour vous procurer une honnête aisance. En effet, rien ne témoigne mieux d'une sérieuse envie de parvenir. Vous avez compris votre époque, et je doute que personne apprécie plus justement la situation. J'ose le proclamer, voilà qui est digne de remarque, étant ce que vous êtes, et l'on voit clairement, par vos dispositions, que vous estimez à sa juste valeur le degré de civilisation auquel nous sommes heureusement parvenus en France.

Pour d'autres les enseignements de l'histoire peuvent être perdus; pour vous point de cela. La réussite de certains nobles qui se sont jetés dans la démocratie n'a point échappé à la subtilité de votre entendement. Plus qu'aucun d'eux vous méritez une semblable fortune, car on voit bien que vous êtes homme à vous arrêter au bon moment, c'est-à-dire au point où des réactions et des bouleversements pourraient menacer l'édifice de votre prospérité.

Vous êtes donc l'homme des temps modernes, et je ne vous le mâche pas. Mais, hélas! vous n'avez réellement pas de chance!

Vous songez au parti démocratique, juste quand il se trouve dans une situation telle, que vous n'en pouvez tirer aucun avantage capable de satisfaire aux menues dépenses d'un gentilhomme de votre importance.

Je dis aucun avantage, car je présume qu'il vous plairait médio-

crement de laisser pousser votre barbe en pointe pour aller solli-
citer *les cinq*, les ex-représentants, et les membres du gouvernement provisoire, de souscrire à un ouvrage socialiste toujours en
voie d'exécution. A ce métier vous récolteriez sans doute quelques
francs, en dépit de la concurrence ; mais il ne faut pas vous dissi-
muler que la somme en serait insuffisante et que, malgré la plus
sage économie, vous ne pourriez seulement pas entretenir les plus
intermittentes relations avec les dames du théâtres des *Variétés*
ou du *Palais-Royal*. Tout est bien renchéri, monsieur le Marquis,
et l'amour ne vit pas d'eau claire.

Pour parvenir à vous donner une idée exacte de la position du
parti démocratique, il convient tout d'abord de distinguer. En ces
matières comme en beaucoup d'autres, du reste, il y a fagot et
fagot.

Les vrais démocrates, monsieur le Marquis, — j'entends les
hommes possédés de l'idée de la démocratie, convaincus de son
excellence, à tort ou à raison, et décidés à lui sacrifier leur part de
jouissances en ce monde, — sont absolument sans crédit. Si leur
parole peut encore être entendue, si quelqu'un même ne l'écoute
pas sans respect, du moins leur pouvoir se borne là. Ils auraient
beau vous adopter,—ce qu'ils ne font pas, paraît-il, à la légère habi-
tuellement, — vous n'en seriez guère plus avancé. Loin de combler
leurs partisans de faveurs lucratives, ils leur demandent au contraire des sacrifices et des abnégations de toute sorte.

S'il ne s'agissait pour vous que d'obtenir un rang dans les volon-
taires de cet homme que les uns appellent libérateur et les autres
flibustier, ils pourraient facilement vous aider ; mais n'attendez
d'eux aucune sinécure.

Ils ne sont pas chez nous d'ailleurs. Les événements les ont
disséminés. Enfin, raison péremptoire, les sacrifices qu'ils ont faits
les ont appauvris ; laissons donc ces gens-là de côté.

Mais il existe dans la capitale quelques personnages qui se disent
tout bas républicains, voire même *sans-culottes*, et tout haut démo-

crates ou seulement libéraux, selon le degré de hardiesse que comporte leur tempérament.

A ne pas vous céler mon opinion, ils ne sont réellement rien de tout cela; ce qui n'est mystère pour personne. La défaveur des légitimistes et des orléanistes, jointe à l'encombrement du bonapartisme, les a poussés vers le camp populaire, où il semble qu'il y ait toujours de la place. Républicains *à la façon de Barbari mon ami*, de l'absence de ceux dont je vous parle plus haut, ils déduisent qu'ils sont les chefs de la démocratie.

Parfois les actes du gouvernement viennent bien un peu déranger le crédit que le public accorde à leur parole. On leur demande avec curiosité pourquoi certains de ces actes sont plus démocratiques que toute leur démocratie.

Ils se déconcertent un moment. Mais les plumes se taillent et gourmandent le peuple sur l'indiscrétion de sa question. Le lendemain, les choses ont repris leur marche accoutumée. Ces messieurs peuvent derechef se poser en chefs de la démocratie.

Pourquoi les contredirait-on? S'il fallait se formaliser des prétentions de ses concitoyens, on n'aurait point autre chose à faire. Les folies douces ont droit à la pitié.

D'ailleurs, qui les contredirait?

Le gouvernement sachant — et pour cause — à quoi s'en tenir sur leurs vues et le degré de leur puissance, n'a nul intérêt à dévoiler le secret de la comédie. Loin de redouter ces croquemitaines politiques, il rit de leurs cabrioles, et, dès lors, il est désarmé. Leur véritable rôle consiste à amuser le tapis. On doit leur rendre cette justice qu'ils s'en acquittent à ravir.

Mais, monsieur le Marquis, ces aimables personnes ne vous accueilleraient vraisemblablement pas avec enthousiasme. Le but de leur politique est proche parent de l'ambition bien légitime qui vous anime. C'est précisément cette raison qui les empêcherait de s'entendre avec vous. Tout comme votre seigneurie, ils visent à la fortune, aux honneurs, de préférence à la considération. Ayant remarqué qu'on est toujours l'objet des politesses du monde quand on est pourvu de charges grassement rétribuées, ils vont de l'avant sans s'inquiéter outre mesure des cailloux qu'ils rencontreront chemin faisant.

Pour ce, qu'ont-ils besoin de vous? Loin de leur servir d'auxiliaire, vous ne pouvez être qu'un concurrent de plus. Est-il logique qu'ils vous viennent en aide? Plus vous aurez de mérite, plus vous paraîtrez dangereux. Franchement, sachant ce qu'ils désirent, aurez-vous le cœur de les blâmer? Mettez-vous à leur place, monsieur le Marquis!...

C'est là justement ce qu'ils redoutent et ce qu'ils ne peuvent souffrir.

S'ils vous repoussent, ils ont en outre une bonne raison à faire valoir pour leur excuse. C'est que rien n'est plus aisé que de travailler dans leur *partie.* Vous l'allez voir.

Le métier consiste à faire une aimable opposition, aussi bénigne dans la forme qu'innocente au fond. Se ruer à tour de bras sur les adversaires écrasés par le ridicule, enregistrer les impudiques méfaits d'obscurs gredins non laïques, et taquiner le préfet de la Seine sur les démolitions ou les eaux de Montmartre, tels sont les principes fondamentaux de cette intelligente politique.

Grâce à vos talents innés, vous y excelleriez en huit jours. Ils le sentent.

Mieux que ces farouches jacobins, vous sauriez reprocher aux journaux semi-officiels de se pourvoir de nouvelles au ministère, tout en ne vous pourvoyant point autre part. Mieux qu'eux aussi vous parleriez de votre indépendance. Avec une sincérité du même calibre vous réclameriez diverses libertés. Et de même qu'eux, — ainsi que me l'a démontré *un bon jeune homme* de ma connaissance, — vous seriez désolé de les obtenir, parce qu'elles ruineraient votre industrie.

Comprenez-vous maintenant pourquoi vous ne pouvez compter sur le concours de ces libérales personnes?

Encore, si l'on pouvait ne voir en vous qu'un appétit modeste, facile à satisfaire d'un os déjà rongé, on vous emploierait parfois à quelque œuvre de seconde importance.

Après vous avoir fait jeûner un bon moment, quand vous seriez devenu hargneux de façon convenable, et que la rage eût étouffé en vous tout scrupule de dignité personnelle, on vous lâcherait avec le reste de la meute, je veux dire de la troupe, sur quelque personnalité transcendante, dont l'éclat blesse la vue des têtes fortes de l'endroit.

Ce serait un jour sur Michelet, demain sur Lamartine, une autre fois sur Proudhon, etc. La besogne ne manque jamais. A défaut des vivants on déterre les morts.

Pourtant, je le reconnais, c'est un mince emploi que cette spécialité. On en retire peu de profit et parfois la boue éclabousse celui qui la distribue ou lui retombe sur le nez. Du reste, il y a grande concurrence : les dames s'en mêlent maintenant.

Ah ! que n'avez-vous eu maille à partir avec l'autorité ! Si pour quelque parole inutile et grossière, prononcée entre deux *chopes-Bavière*, dans une brasserie borgne, on vous eût fait coucher au violon ; si, d'autre part, on vous connaissait pour une sorte de bohémien déplorable, mais surtout sans talent, on vous ferait meilleur accueil. Pour peu que les circonstances vous servissent et que l'article manquât sur la place, on vous poserait immédiatement en victime politique. Et il se pourrait fort bien que vous fussiez proposé aux suffrages des boutiquiers avancés. On leur fournirait par là une superbe occasion de protester contre le libre-échange.

Alors votre fortune serait faite, ou à peu près. Il ne resterait plus qu'à vous vendre, si quelque parti avait l'envie de vous acheter, ce qui se peut espérer encore, en dépit du discrédit où malheureusement est tombé ce système.

Mais, monsieur le Marquis, que de temps à attendre ! Et je n'oublie pas que vous avez un pressant besoin d'argent. Encore, si vous étiez de première force au billard, on pourrait se donner patience et vivoter en attendant les splendeurs politiques. Mais on a bien imprudemment négligé ce côté de votre éducation.

*
* *

Continuons donc nos recherches, et, aussi bien, puisque c'est votre désir et que nous n'avons plus le choix, voyons si le gouvernement que s'est choisi la France est en mesure de satisfaire à vos vœux les plus chers.

J'en conviens de concert avec vous, monsieur le Marquis, votre titre et votre nom glorieux ne sont pas choses à la portée de tout le monde. Ils sonnent également bien et feraient un magnifique effet placés convenablement. Par l'imagination, je le vois, ce nom, briller d'un éclat particulier au milieu de la liste des plus inamovibles fonctionnaires, et je calcule, à peu de chose près, tout le bien qui devrait en résulter pour vous.

Mais permettez-moi, avant que de poursuivre, d'éclairer votre religion sur certain scrupule, qui vous tient au cœur quand vous en arrivez à la possibilité de vous rallier.

« ..... Qu'en dira-t-on? » vous écriez-vous avec une nuance d'inquiétude qui ne m'échappe pas.

Eh! que voulez-vous qu'on en dise! Il y a longtemps que pareille affaire s'est vue pour la première fois. Vous n'en aurez pas le brevet d'invention.

Sans repasser un à un les événements de l'histoire politique de tous les peuples de la terre, qui ont eu l'agrément d'être plus ou moins convoités, conquis et reconquis, déchirés, divisés par les factions, je remplirais ces pages rien que par les noms des hommes sages qui, passant et repassant du camp des vaincus dans celui des vainqueurs, ont déclaré donner par là une preuve non équivoque de leur fervent amour pour la patrie.

Ce n'est pas d'hier que la question est élucidée, monsieur le Marquis. Il n'y a plus que les intelligences obtuses qui y trouvent matière à étonnement. L'esprit public apprécie maintenant avec justesse la raison suffisante de ces sortes de revirements.

Il n'y a que les sots qui ne changent pas. Changer, mais c'est vivre! Est-ce que tout ne change pas ici-bas? Le printemps succède à l'hiver; l'hiver à l'automne qui succède à l'été, lequel n'a jamais fait autre chose que de succéder à ce même printemps, que nous avons vu prendre la place de l'hiver. Il n'y a rien à répondre à cela. Or, qu'est-ce en effet que succéder sinon changer? Il faut être logique avant tout et se rendre à la raison, qui, vous ne l'ignorez pas, est fille aînée de la divine Vérité.

Cependant si, pour vous convaincre, il fallait des arguments encore plus concluants; si, victime de convictions sucées avec le lait, et par cela même arriérées, vous vous trouviez entravé dans ce que nous appelons le *développement progressiste*, par le souvenir de fois jurées et d'engagements antérieurs, j'userais de mes relations pour vous procurer accès près d'un légiste de premier ordre. Rien que par des exemples choisis dans son propre *développement-progressiste*, il raffermirait votre jugement. « Engagements antérieurs, fois jurées! » Ce sont des mots, monsieur le Marquis; des mots vieux et usés que nous avons fort bien remplacés par d'autres tout neufs, qui se résument admirablement dans le *développement-progressiste* (1).

Au-dessus des criailleries de la foule, les hommes *développés*

---

(1) *Développement progressiste*, substantif composé masculin et surtout singulier, qui aura sa place dans le dictionnaire de l'Académie quand les immortels en seront arrivés à la lettre D. Cela ne peut tarder, car cette expression est déjà passée dans les mœurs. C'est au point que si quelque mal-avisé se permettait de parler à la légère du *développement progressiste* de certaines personnes — dont la nomenclature ferait longueur ici, — les tribunaux lui apprendraient la portée des mots de la langue française.

dans le progrès ont démontré qu'en acceptant des fonctions dans les gouvernements qu'ils avaient d'abord combattus, ils avaient fait preuve de pur désintéressement.

On a fait des articles et des brochures là-dessus. Des hommes de lettres ont été rétribués pour soutenir cette thèse; ce dont on ne leur a pas été suffisamment reconnaissant dans le public. C'est pourtant un grand bien, monsieur le Marquis, que de pouvoir compter sur des plumes toujours prêtes à prouver que ce qu'accomplissent les personnes de qualité est nécessairement logique et parfait, par la seule raison qu'elles ont daigné agir ainsi et non autrement.

Toutefois il convient de se rendre un compte exact du *développement-progressiste*, et de ne pas se rallier à un gouvernement tant que l'on n'en a pas tiré bon profit. La non-observation de ce principe élémentaire entraîne un blâme. Et remarquez que rien n'est plus juste, puisque le changement se trouve, dès lors, dénué de causes suffisantes et raisonnables. Il n'y a plus ni développement, ni progrès; la folie est évidente, et l'on passe en tous cas pour un gâte-métier.

Au contraire, quand la modification des idées s'explique par un résultat palpable, tout est pour le mieux du monde. A part quelques persifleurs, dont la prison, par prodige! n'a pas encore purgé les sociétés, des quatre coins du globe il ne s'élève qu'un concert de louanges en faveur de ce *progressiste-pratique* — encore un mot nouveau — qui accepte un poste et un traitement également élevés par abnégation.

On dit de lui, ce que je souhaite qu'on dise de vous :

— Voilà un homme dont l'âme est vraiment grande; il n'a pas voulu priver la patrie de ses lumières; il a héroïquement sacrifié ses sympathies à l'intérêt de ses concitoyens. Ce n'est pas un de ces mesquins politiques qui, sous le fallacieux prétexte de serments anciens, se retirent pitoyablement dans leur tente, ou n'ouvrent la bouche que pour s'écrier : « *Crève donc, société* (1) ! »

Et chacun de répéter en chœur :

— Gloire! gloire à ce vertueux!

Le cas échéant, votre parti ne vous blâmerait pas. « Par une systématique opposition, se dirait-il, contre l'ordre de choses qui va lui procurer quelque bien-être, il servira utilement notre cause commune. »

Et même, avec quelques démarches prudentes, vous pourriez peut-être ajouter encore un peu à vos revenus, en faisant valoir, aux yeux des vôtres, les services que vous seriez mieux à même de rendre étant si bien placé.

Ce point est à prendre en note. Je le consigne ici, tout bonnement pour mémoire.

Car, monsieur le Marquis, si peu au fait que je sois de la pensée intime qui préside à nos destinées politiques, je ne crains pas de m'aventurer en disant qu'on n'attend pas précisément après vous pour faire *voguer le char* de cet empire-ci!

Sur certains points vous êtes nécessairement un peu en retard, et vous jugez du second par le premier, qui parut faire grand cas de la noblesse. Les empires, voyez-vous, ont cela de commun avec mille autres choses, que, s'ils se suivent à peu près, ils ne se ressemblent pas absolument. Vous constateriez des dissemblances énormes si j'entreprenais de vous faire un tableau exact du gouvernement actuel. Vous verriez, hélas! qu'il n'y a guère de places vacantes à votre usage, et que... et que.....

Mais on ne sait ce que peut devenir une lettre, et je vous avoue sans le moindre embarras que les logements humides et le climat de la Belgique sont également contraires à ma santé.

(1) Émile Augier, *les Effrontés*.

**
*

En fin de compte, monsieur le Marquis, nous voici parvenus au bout du rouleau et la situation n'est pas fort débrouillée. J'en souffre cruellement, cela ne fait pas doute.

Mais je m'indigne aussi. Quoi! les choses sont arrangées de telle sorte que vous ne pourrez point tirer parti de votre illustre nom! Vos ancêtres auront eu droit de justice et de jambage, monsieur votre père sera revenu derrière les Cosaques dans ses domaines, madame la Marquise aura eu le tabouret, et vous qui descendez, comme chacun sait, d'un bâtard de Pépin le Bref, et résumez dans votre auguste personne une série incomparable de gloires variées, vous ne serez seulement pas ambassadeur, aujourd'hui que cela résulte avec évidence de votre bon plaisir! Peut-on souffrir chose pareille! Quoi! rien à espérer du parti légitimiste, rien de la Fusion, rien de la démocratie, rien du système impérial!...

Je vous entends vous écrier : — « Ah çà! à quoi servent donc les partis?... »

**
*

Hélas! il n'y a plus de partis. Ils ont perdu leur caractère et leur puissance, grâce à ce *développement-progressiste* que j'ai eu l'honneur de vous définir. Ils se sont ruinés réciproquement, en se fondant les uns dans les autres, pour n'en former qu'un seul, qui les absorbe, et dont la devise est : « Chacun pour soi! »

Tout en est là.

Nous avons répudié nos fois et nos croyances ; tout a sombré dans le gouffre de l'intérêt personnel. L'indifférence pour autrui règne despotiquement dans la conscience humaine et la vicie. La jeunesse, désolée de voir que l'ordre social ne lui fournit aucun emploi à ses activités, se corrompt dans les jouissances et les satisfactions prématurées. Hier et demain ne signifient plus souvenir et espérance ; aujourd'hui seul vaut quelque chose pour les êtres qui n'adorent que le dieu Cent-Sous. Enfin les croyants, — car il en reste, paraît-il, — sont la risée des hommes *pratiques* du jour. Ils paraissent de piteuses dupes, dupes d'eux-mêmes ; on les tient pour fous et on ne leur accorde qu'une considération analogue à celle que les artistes convaincus arrachent à la pitié du monde civilisé.

Ils ne peuvent rien. Retirés dans un silence morne, mais non dépourvus de grandeur, ils gardent leur fidélité aux bannis, que ceux-ci soient princes ou non. Ames d'élite, ils ne se soupçonnent même pas ; ils s'éteignent sans s'être appréciés : l'oubli seul les rassemble.

Parfois pourtant, quelqu'un, le soir, au coin du feu, retrouve en son cœur ému un souvenir amical à leur adresse, mais c'est tout. Encore n'ose-t-il le traduire : on en rirait probablement.

*
* *

Tenez, monsieur le Marquis, pour en finir, permettez que je vous expose une proposition qui m'a été faite pour vous ; vous n'y accorderez que l'attention qui vous paraîtra convenable, mais vous apprécierez par là la valeur intrinsèque du nom qui vous reste.

On m'a parlé de par le monde d'un brave monsieur qui comprend, dit-on, superlativement bien son époque.

Quelle est son industrie? Je ne saurais proprement le dire. Les uns l'appellent « homme d'affaires, » quoiqu'on ne puisse pas définir le genre des affaires qu'il fait. Les autres le présentent comme un administrateur, bien qu'on ne lui connaisse aucune administration. Certains aussi le disent « banquier », et il n'a pas de banque. Enfin, je l'ai entendu traiter de « banquiste, » ce qui pourrait être sa véritable profession, sans empêcher qu'il fût par surcroît banquier, administrateur et homme d'affaires.

Quoi qu'il en soit, c'est un homme fort bien vêtu. Il se pare peut-être un peu trop de bijoux apparents, mais n'en paraît pas tirer vanité ; il se dit actif, et on l'accuse d'être remuant, voire même intrigant ; mais il y a tant de méchantes langues ! Le fait est qu'il parle beaucoup et est dans l'habitude d'appeler les personnages les plus influents tout bonnement par leur nom, supprimant leurs titres avec une ingénue familiarité.

On ne sait pas précisément d'où il vient, ni comment il vit ; mais cela n'en fait pas le moins du monde un être original. Enfin, il parle d'obliger tout le monde.

Ayant appris par la renommée le dévouement extraordinaire que je m'honore de professer pour un marquis de souche certaine, il m'est venu trouver spontanément.

— Je suis rond en affaires, m'a-t-il dit, et je ne vais pas au but par quatre chemins. Voici donc l'objet de ma visite : Je monte une affaire par actions, une affaire superbe ! que dans l'instant je n'ai pas le loisir de vous exposer. Si je voulais, elle serait dès ce jour cotée au parquet ; que cela vous suffise. Eh bien ! j'ai besoin d'un conseil de surveillance relevé. De beaux noms, en masse ! Ça flatte l'actionnaire ; je dirai même que cela l'éblouit, ajouta-t-il en me jetant un regard plein de finasserie. Vous savez à quoi se borne le travail de cette sorte de conseil : approuver, signer ceci et cela, figurer aux assemblées générales et lâcher, s'il est possible, un mot bien senti de temps à autre ; au total, des bêtises !

Si votre marquis est mon homme, je le reconnais propriétaire d'un bon nombre d'actions libérées, qu'il négociera aisément au parquet. Je suis rond, je le répète ; si donc je trouve en lui un brave et bon compère, le jour de la signature je lui graisse la patte séance tenante. Seulement qu'il se décide promptement : j'ai un baron suisse et un margrave espagnol qui m'obsèdent jour et nuit pour conclure. Mais, que voulez-vous ! j'aimerais mieux un marquis français : mon pays avant tout. Voilà comme je suis, et l'on ne se refait pas.

Telles sont ses dernières paroles. Je les crois sincères. Cet honnête industriel me paraît en effet plutôt dans l'habitude de refaire les autres que de se refaire lui-même.

Je ne vous cacherai pas non plus, monsieur le Marquis, que la concurrence du baron suisse et du margrave espagnol ne m'inspire qu'une confiance limitée, tant dans la qualité de ceux-ci, que dans l'affaire en elle-même. Si je ne me gardais avec soin des jugements téméraires, j'inclinerais volontiers à croire que tout cela est un tantinet louche, et qu'il se peut fort bien que cette entreprise s'en aille tout droit aboutir, en votre compagnie, à un parquet dont ce monsieur ne parle pas ; car on a fait une loi là-dessus.

Au résumé, ce sont risques à courir. Dailleurs, avec un bon avocat, vous en serez quitte pour être déclaré civilement responsable, et comme vous ne possédez plus rien !...

Mais convient-il à ma bassesse de vous indiquer une règle de conduite ? Voilà une licence que je ne prendrai jamais que sur votre commandement formel, et vous avez voulu être seulement renseigné sur les moyens d'utiliser votre beau nom.

J'y ai tâché de mon mieux. Puissent mes efforts avoir quelque utilité, ce qui ne manquera pas d'arriver si vous daignez y voir, avant tout, le témoignage de ma profonde admiration pour vos mérites, de par lesquels,

Je suis, comme de raison, monsieur le Marquis,

De Votre Grâce,

Le plat et rampant serviteur,

Edouard CADOL.

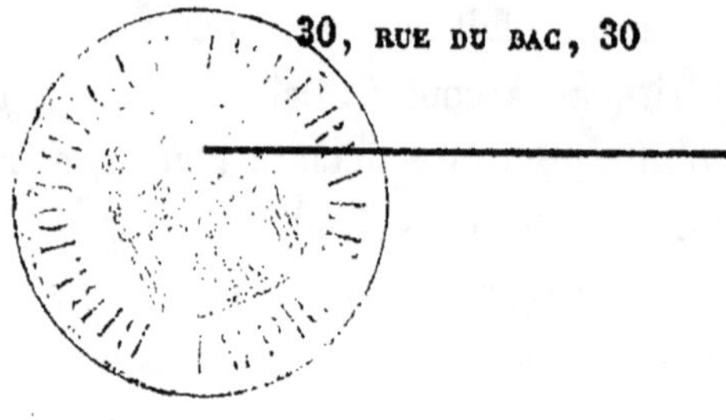IMPRIMERIE POUPART-DAVYL ET Ce
30, RUE DU BAC, 30